GUÍA DE VISITA

REAL ALCÁZAR
DE
SEVILLA

Texto de Ana Marín Fidalgo
Edición revisada por Fernando A. Martín

© ALDEASA ®: 1999
Depósito Legal: M-43833-1999
I.S.B.N.: 84-8003-182-4
Coordinación general: Aldeasa
Diseño: Aldeasa
Maqueta: Myriam López Consalvi
Fotografías: Covadonga de Noriega, Aldeasa
Fotomecánica: Lucam

Ilustración de portada: Patio de las Doncellas desde el Salón de Embajadores.
Ilustración de contraportada: Puerta del Privilegio. Jardines del Real Alcázar de Sevilla.
Impreso en España por: Estudios Gráficos Europeos

(Printed in Spain)

Todos los derechos reservados, prohibida la reproducción total o
parcial de esta obra por cualquier medio fotográfico o mecánico.

ÍNDICE

INTRODUCCIÓN 7

LA VISITA 13
   I Puerta del León 13
   II Patio del León 14
   III Sala de la Justicia o del Consejo 15
   IV Sala de los Abanicos 16
   V Salón del Almirante y Sala de Audiencias de la Casa de la Contratación 16
   VI Cuarto Real alto 20
   VII Patio de la Montería 28
   VIII Dependencias y patio del Cuarto del Asistente 29
   IX Palacio del rey Don Pedro 30

      A Fachada 31
      B Vestíbulo 32
      C Patio de las Doncellas 34
      D Dormitorio de los Reyes Moros 36
      E Patio de las Muñecas 38
      F Cuarto del Príncipe 40
      G Cuarto del techo de los Reyes Católicos 44
      H Salón del Techo de Felipe II 44
      I Salón de Embajadores 47
      J Salas de Infantes 51
      K Salón del Techo de Carlos V 52

   X Patio del Crucero o de doña María de Padilla 54
   XI Salones de Carlos V 56
   XII Jardines 58

      A Estanque Grande o de Mercurio 60
      B Jardín de la Danza 61
      C Jardín del Crucero o Baños de doña María de Padilla 62
      D Jardín de Neptuno o de Troya 64
      E Jardín de la Gruta o de las Flores 64
      F Jardín del Risco o de la Galera 64
      G Jardín del Príncipe 66
      H Jardín de las Damas 66
      I Jardín de la Cruz 69
      J Jardín del Cenador de la Alcoba o del Pabellón de Carlos V 71
      K Jardines nuevos 72

   XIII Último tramo de los jardines Antiguos 73
   XIV Apeadero 74
   XV Patio de las Banderas 76

BIBLIOGRAFÍA 80

INTRODUCCIÓN

INTRODUCCIÓN

El Real Alcázar sevillano es quizás, de todas las Residencias Reales de España, la que por su antigüedad y la variedad de sus construcciones ofrece un mayor interés, no sólo para arquitectos, arqueólogos e historiadores, sino, por su belleza y grandiosidad, a los visitantes de toda índole que pisan sus salones y recorren sus patios y jardines.

Históricamente ha sido la morada de los dignatarios y príncipes musulmanes de la Sevilla islámica, y tras la conquista de ésta por Fernando III de Castilla, residencia real de la dinastía reinante en España hasta nuestros días. Por lo tanto, es el conjunto palatino más antiguo y más rico en historia, no sólo de nuestro país sino de toda Europa, y el primer edificio civil de la ciudad de Sevilla, en el que cada época o reinado han dejado su huella.

Su construcción se inicia en la Alta Edad Media (913-914) y se engrandece y transforma con el transcurrir del tiempo encontrando en él construcciones o reformas de los periodos más significativos del arte: gótico, renacimiento y barroco. Todas y cada una de ellas sabiamente adaptadas a unas necesidades particulares de cada momento, que han llegado a conjugar un conjunto único y excepcional, de ahí, que popularmente se le conozca como Reales Alcázares de Sevilla.

Sus patios, alcobas, salas, huertas y jardines, han sido testigos relevantes de acontecimientos históricos, escenario de leyendas y obras literarias. En él vivió el celebre rey y poeta Al-Mutamid, el temido Al-Mansur, el Sabio Alfonso X, o el legendario rey don Pedro I de Castilla, Justiciero para unos y Cruel para otros, pero fiel amante de una doña María de Padilla a la que instaló en este Alcázar como su más preciada joya. Aquí nació el príncipe don Juan, hijo de los Reyes Católicos, quienes recibieron aquí a Colón de regreso de su segundo viaje y fundaron dentro de sus muros la famosa Casa de Contratación, monopolio del comercio con América.

En sus salones se celebraron los esponsales del Emperador Carlos con la bella princesa portuguesa Isabel y en la actualidad, siguiendo esta tradición, los de la infanta doña Elena de Borbon con don Jaime de Marichalar.

También sirvió como almacén de los cuadros confiscados por los franceses durante la guerra contra Napoleón, y durante la desarmortización de Mendizabal. Aquí estuvo ubicada la Academia de Bellas Artes sevillana y tuvieron su estudio pintores de reconocida fama como Becquer, Mattoni o Rusiñol.

En sus estancias resonó la voz de Ibn Handis el siciliano, Boscan, Garcilaso, Navagiero o Baldasare Castiglione.

Sus orígenes se remontan a la época romana, pero su actual imagen comienza a forjarse en el periodo musulmán. Aquí se construye, en el año 913, la Casa del Gobernador y se amplia durante el periodo de los reyes Taifas hacía el río y la Puerta de Jerez recibiendo esta ampliación el nombre de Al-Muwarak o *El Alcázar de*

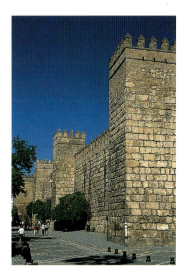

Arriba, murallas que rodean el Real Alcázar.

En la otra página, vista aérea del Alcázar de Sevilla desde La Giralda, donde se percibe la gran cantidad de diferentes edificaciones que lo integran.

Patio del crucero de Al-Muwarak o Alcázar de la bendición. (Sede de la Conserjería de la Ordenación Territorial, Plaza de la Contratación).

A la derecha, Salón de Carlos V en el Palacio Gótico.

la bendición, siendo el jardín de la actual Consejería de Obras Publicas y Transportes lo único que nos ha llegado de lo que sería el recinto de residencia privada, pues en esta zona se levantó en el siglo XVI la Casa de Contratación. A este mismo periodo pertenece el que hoy conocemos como Salón de Embajadores, que servía como salón del Trono de los reyes Taifas, en el que el rey Al-Mutamid reunía a los poetas más destacados del reino.

Una nueva ampliación y construcción se realiza en el último periodo musulmán, durante la dominación almohade, que dará origen a los jardines y huertas más antiguos del Alcázar, como por ejemplo al conocido como Jardín del Crucero y al patio que hoy conocemos con el nombre de Patio del Yeso.

Tras la derrota de las Navas de Tolosa, en el año 1212, se produce la lenta caída del poder almohade, lo que hace más fácil la conquista de la ciudad por las armas castellanas. Fernando III, rey de Castilla, toma posesión de la ciudad de Sevilla el 22 de diciembre del año 1248, convirtiéndose desde entonces, el Alcázar sevillano, en residencia de los reyes cristianos. Aquí vivió y murió

Arriba, Galería alta del Patio de las Doncellas, centro de las dependencias oficiales de Palacio.

A la derecha, vista de la fachada del Palacio del Rey Don Pedro, de estilo mudéjar, y llamado así en recuerdo de su constructor el rey Pedro I de Castilla.

este Santo Rey, como su hijo Alfonso X, el cual realizó nuevas construcciones dentro de su recinto; concretamente, lo que hoy conocemos como Palacio Gótico o Salones de Carlos V, pero que en tiempos medievales se denominaba el Cuarto del Caracol en función de las escaleras que tenían los torreones; delante de él estaba el Jardín del Crucero.

Alfonso XI construiría en 1340 la Sala de la Justicia, uno de los ejemplos del estilo mudéjar, que llegaría al máximo de su esplendor con las construcciones del Palacio del rey don Pedro, entre los años 1364 y 1366, con alarifes y carpinteros de origen musulmán llegados de Granada y de Toledo. Este viejo palacio es el núcleo central del Alcázar que hoy podemos admirar, conservado íntegramente hasta nuestros días por el hecho de ser residencia real, pues fue rehabilitado y ampliado en los sucesivos reinados para adaptarlo a las necesidades que en cada periodo eran precisas de acuerdo con las exigencias de la nueva imagen del poder y de los monarcas que lo ostentan.

Detalle de las yeserías de la puerta de acceso desde el Patio del Yeso a la Sala de la Justicia o Consejo.

Así, durante el reinado de los Reyes Católicos, se amplía la primera planta, que desde entonces era la vivienda privada de los reyes. Su nieto Carlos V remató la obra con la Galería alta del Patio de la Doncellas y celebró aquí sus esponsales con la princesa Isabel de Portugal, en los salones del Palacio Gótico, que se decoraron años más tarde con azulejos.

En el siglo XVII se construyó el nuevo zaguán y el apeadero, cuya fachada da al Patio de Banderas y que sería la entrada principal del recinto palatino desde entonces hasta el siglo pasado. En este periodo también se realizan las nuevas Caballerizas, se ordena el Patio de la Montería y las nuevas cocinas en la zona que hoy denominamos el Cuarto del Asistente. Para la estancia del rey Felipe IV en Sevilla, se remodelan los jardines y parte de los edificios.

Con los Borbones, en el siglo XVIII, las remodelaciones en el Alcázar sevillano están motivadas por la instalación de la Corte en esta capital entre los años 1729 y 1733, y por las destrucciones que provoca el terremoto de Lisboa del año 1755, que afectó en gran manera a toda su estructura, lo que provocó una serie de reparaciones y restauraciones que ocuparon gran parte del reinado de Carlos III. En el siglo XIX, tras la visita real de Carlos IV y su corte, se produce la ocupación francesa con el mariscal Soult a la cabeza, que se encargó de recopilar toda una serie de cuadros para el Museo de Napoleón, requisados de instituciones civiles y religiosas de la capital hispalense, sirviendo el Alcázar de almacén de todas aquellas obras de arte. A lo largo de esta centuria se produjeron una serie de restauraciones poco afortunadas en las que se ven mezclados tanto el duque de Montpensier como el pintor Joaquín Domínguez Becquer.

Isabel II, como reina, lo utilizó para las ceremonias de recepción en su visita a Andalucía en el año 1862 y en él fijó su residencia oficial tras la restauración alfonsína en el año 1876. Así pues se acondicionó en una línea decorativa típica del eclecticismo romántico, pero a pesar de ello, la Reina abandonó definitivamente su residencia al año siguiente, dejándola alhajada con la mayoría de los elementos que hoy en día la adornan.

En el presente siglo se han llevado a cabo gran cantidad de obras de restauración, mantenimiento y conservación del conjunto, todas ellas de la mano de arquitectos y conservadores como el marqués de la Vega-Inclán, con su actuación en los jardines nuevos; Romero Murube en el Patio de la Montería y, sobre todo, durante el largo periodo de don Rafael Manzano, que cuidó de este conjunto monumental como si de su casa se tratase, con gran mimo y entrega, la lista de sus intervenciones sería interminable para estas líneas, pero todas y cada una de ellas han contribuido a un mejor conocimiento del mismo conservando su belleza y adaptándolo a las necesidades de nuestro tiempo.

Por todo ello, por su amplia historia, por su belleza y su arquitectura, fue declarado por la UNESCO monumento del Patrimonio de la Humanidad en diciembre del año 1987.

León heráldico de cerámica. Puerta del León.

Vista general de la Puerta del León, entrada principal al Real Alcázar.

LA VISITA

I PUERTA DEL LEÓN

Esta es la entrada principal al conjunto. Se halla insertada en la antigua muralla musulmana (siglo XI) dando fachada a la plaza del Triunfo y a la Catedral. Su nombre viene dado de forma popular por el león heráldico de cerámica que la preside, símbolo medieval de la realeza, portando una cruz y una filacteria con la inscripción latina Ad Utrunque (estar dispuesto a todo), cita de la *Eneida* de Virgilio. Es esta el punto de unión entre las construcciones de dos periodos diferentes, la que ceñía el conjunto palatino abbadita llamado Alcázar *Al-Muwarak* (El Alcázar bendito) del siglo XI a la derecha y, hacia el barrio de Santa Cruz, la que limitaba el primer recinto fortificado y el núcleo más antiguo del Alcázar, llamado *Dar al Imara* (La Casa del Gobernador, siglo X).

Arriba, Vista general de la arquería del Patio del Yeso.

Detalle de la misma.

La puerta conduce hacia el llamado, actualmente, Patio del León y en el flanco izquierdo de su acceso se hallan las taquillas donde se pueden adquirir las entradas para visitar el conjunto.

II PATIO DEL LEÓN

Es el primer patio del Alcázar, limitado por las murallas que acabamos de dejar tras pasar la Puerta del León, y por otro lado, con el lienzo de muralla con tres grandes arcos que dan acceso al Patio de la Montería. Primitivamente fue una explanada de carácter militar que antecedía a los palacios árabes. En este espacio se instaló entre los años 1625 y 1626 el mayor teatro que tuvo la ciudad de Sevilla en esta época, el conocido *Corral de la Montería*, destruido por un gran incendio en los últimos años del siglo XVII, en donde se representaron las más importantes obras de nuestro siglo de oro.

Arriba, vista general de la Sala de la Justicia.

En la actualidad este lugar está bellamente ornado por un jardín, fruto de las intervenciones llevadas a cabo por Juan de Talavera y Heredia, arquitecto encargado de las obras tras la Guerra Civil, cuando era conservador Joaquín Romero Murube. A su izquierda se sitúa la pequeña entrada a la Sala de la Justicia y el Patio del Yeso.

III SALA DE LA JUSTICIA O DEL CONSEJO Y PATIO DEL YESO

Fue construida por Alfonso XI, después de triunfar en la batalla del Salado (1340), sobre los restos del antiguo palacio almohade del que subsiste el bellísimo Patio del Yeso al que se abre. Es de planta cuadrada y se cubre con un espléndido artesonado de lacería ochavado; sus muros van ahuecados con nichos rehundidos pero planos tapizados por espléndidas yeserías, evocando todo el conjunto los modelos toledanos. Es de destacar, por la belleza de su ejecución, las labores de yeso que ostenta el vano de paso que comunica con el

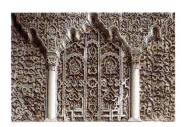

Detalle de las yeserías de la Sala de la Justicia.

Vano con bellas yeserías, aún pintadas, en la puerta que comunica la Sala de la Justicia con el Patio del Yeso.

citado Patio de la Alberca o del Yeso, que conservan aún los restos de su delicada policromía. El pavimento, renovado, es de ladrillo y olambrilla, con fuente baja de mármol y canalillo del mismo material que conduce el agua hasta verterla en la contigua alberca. Cuenta la leyenda que en esta sala fue asesinado el maestre don Fadrique a manos de los esbirros del rey don Pedro.

El **Patio del Yeso** fue edificado en el siglo XII y es una de las pocas joyas subsistentes de la arquitectura almohade sevillana, descubierto por Tubino en el año 1886 y mandado restaurar por el marqués de la Vega-Inclán en 1915. Tiene forma rectangular, posee dos arquerías, la del sur compuesta por un gran arco de lambrequines en el centro, apoyado en pilares de ladrillo y flanqueado por otros tres lóbulos a cada lado, que se prolongan en paños de sebka calados y apean en columnas de mármol. En su lado norte aparece un hueco, hoy cegado, de tres arcos de herradura sobre dos columnas con una moldura de yeso que forma su arquivolta y que está prolongada para dibujar el alfiz; por encima aparecen tres pequeñas ventanas con arquillos de herradura con arquivolta moldurada que daban luz y ventilación a la sala alta. En el centro del Patio hay una alberca en cuyo fondo se observan restos de una anterior más estrecha y larga. En el siglo XVI, todo este sector estaba ocupado por los Cuartos del Maestre.

IV SALA DE LOS ABANICOS

En el flanco derecho del Patio del León y tras una cancela de hierro forjado que da paso a un pequeño patio con galerías altas, de construcción más moderna, en una zona que fue de la Contratación del Comercio, y después, cuerpo de guardia, con fuente de mármol, se abre una comunicación que da acceso a la ahora llamada **Sala de los Abanicos**, en la que se puede apreciar una magnífica colección de abanicos, proveniente de una colección particular donada al Ayuntamiento de Sevilla, de muy variada tipología y procedencia: desde aquellos con varillaje de nácar con aplicaciones doradas, para reuniones de gala, hasta los popularmente conocidos pay-pay, pasando por los de tipo oriental cuyos países están decorados con personajes con caras de china. También se expone aquí el lienzo que representa la *Procesión del Santo Entierro*, del siglo XIX, también propiedad del Ayuntamiento. De esta se accede al Salón del Almirante.

V SALÓN DEL ALMIRANTE Y SALA DE AUDIENCIAS DE LA ANTIGUA CASA DE LA CONTRATACIÓN

Situado en el flanco derecho del Patio de la Montería, se compone de dos grandes salones. En este lugar es donde los Reyes Católicos fundaron la Casa de la Contratación de las Indias, por real

Puerta de entrada al Salón del Almirante.

Procesión del Santo Entierro.
S. XIX. Sala de Abanicos.

cédula del 14 de enero de 1503, según nos pone de manifiesto la inscripción de la lápida que hay en el primer salón, lugar de fuerte contenido histórico ya que en él se pergeñaron las importantísimas empresas que llevaron el nombre y el ser de España a las tierras del nuevo mundo.

En los siglos XVI y XVII estas piezas conformaban el llamado *Cuarto de la Montería*. Vamos a iniciar la descripción comenzando por el **Salón del Almirante** que es una sala rectangular y alargada, cubierta con techumbre de madera conformada por vigas horizontales sobre zapatas de bellos diseños inspirados en los de Serlio. Esta techumbre, ejecutada a fines del siglo XVI, se le atribuye al maestro mayor de carpintería del Alcázar que en aquellas fechas era Martín Infante. Durante el siglo XVIII y parte del XIX, este gran salón estaba dividido en tres y en él se localizaba la Contratación del ejército.

De las paredes de este salón cuelgan algunos cuadros de los siglos XIX y XX pertenecientes al Patrimonio Nacional, al Museo del Prado y a la familia real española, entre los que destacan los retratos realizados

Inauguración de la exposición Iberoamericana. *Alfonso Grosso. 1927. Salón del Almirante.*

por el pintor alemán Winterhalter de los Reyes de Francia Luis Felipe de Orleans y la reina Amelia, junto a los de sus hijos, don Antonio y doña Luisa Fernanda, duques de Montpensier.

Frente a estos, el grandilocuente cuadro del pintor sevillano, Virgilio Mattoni, titulado: *Las postrimerías de Fernando III el Santo,* firmado y fechado en Sevilla en 1887. Quizás, según los expertos, el mayor acierto de esta impresionante escena resida, fundamentalmente, en la enorme tensión dramática conseguida al disponer su grandiosa composición en un formato tan marcadamente rectangular, situando en sus extremos los elementos protagonistas de su desarrollo argumental definidos por la frágil y abandonada figura del Rey moribundo, postrado en el suelo, y la hostia que levanta el celebrante ante él, con una solemnidad que raya en la intimidación y la amenaza. La escena se enmarca dentro de las salas de este Alcázar, donde murió el Santo Rey, y donde Mattoni tuvo su taller durante algún tiempo.

Vista general del Salón de Audiencias de la planta baja.

En el testero principal de este salón podemos ver el lienzo de Alfonso Grosso, titulado la *Inauguración de la Exposición Iberoamericana*, del año 1927, cedido al Patrimonio Nacional por la marquesa de Santa Cruz de Marcenado.

Desde este salón se pasa a la llamada **Sala de Audiencias**, pieza cuadrada cubierta con una rica techumbre de madera de labores geométricas del siglo XVI, pintada y dorada, en la que perdura el recuerdo de los techos moriscos. Sus muros tapizados ostentan los escudos de históricos almirantes de la Armada española, siendo el primero, cronológicamente, el del almirante Bonifaz que acompañara a San Fernando en 1248 en la conquista de Sevilla. Un rico friso de yeserías de estilo plateresco corona estas paredes. El conjunto está presidido por el altar-retablo de la *Virgen de los Mareantes o Navegantes*, (1535), obra de Alejo Fernández, primera representación ejecutada en Europa en relación con el descubrimiento de América. En él se puede apreciar a Cristóbal Colón, al emperador Carlos y a

Arriba, escalera principal en el Cuarto Real Alto. A la derecha, retablo de la Virgen de los Mareantes o Navegantes, *por Alejo Fernández.*

Fernando El Católico; a Sancho de Matienzo, primer tesorero de la Casa de la Contratación; a Américo Vespucio y a Juan de la Cosa, así como a los indios que habitaban las tierra descubiertas, todos amparados bajo el manto de la Virgen del Buen Aire. En la zona inferior aparecen diversas embarcaciones de las que se utilizaban para realizar la travesía hacia América, siendo este un documento gráfico de incalculable valor.

VI CUARTO REAL ALTO

Dentro de la estructura del antiguo palacio mudéjar, la planta alta cumplía la función de residencia de invierno, con el paso del tiempo y las nuevas necesidades creadas, el palacio alto se ha convertido en residencia oficial de SS.MM. cuando visitan Sevilla. Hoy en día podemos visitar las salas llamadas oficiales, cuya decoración reflejan el paso del tiempo y de la historia, pero aún se respira cierto aire decimonónico en función de su decoración, fiel reflejo de la época en que fue residencia de doña Isabel II en 1876-1877.

Vestíbulo y Alcoba de la Reina Católica. Cuarto Real Alto.

El recorrido comienza por la **Escalera principal**, obra del reinado de Felipe II con azulejería de la época y cuadros del siglo XVII y XIX, este último obra de Federico de Madrazo.

Se entra en el **Vestíbulo**, que a la vez hace la función de saleta, en donde hay que destacar el artesonado de la época de los Reyes Católicos, al igual que en las salas siguientes, pues éstas se construyeron para esos monárcas los tapices son del siglo XVIII. La habitación siguiente era la **Alcoba de la Reina Católica** y tenía comunicación directa con el **Oratorio**. Éste guarda todo el sabor del gótico isabelino con la obra más importante del comienzo del renacimiento en España, me refiero a su altar-retablo, realizado en azulejos por el italiano Niculoso Pisano que lo terminó en 1504. Se trata de un homenaje a la reina Isabel, con sus emblemas heráldicos y el tema de la *Visitación*.

Se pasa después a otra sala de la misma época con otro bello artesonado, ésta da paso al **Comedor de Gala**, que presenta una buena colección de tapices del siglo XVII, entre los que destacan los de la serie del *Quijote* y otros de la historia de *Dído y Eneas*. Son de destacar las lámparas que cuelgan del techo, sobre todo la central de cristal polícromo de Murano, del siglo XIX.

Arriba, Alcoba de la Reina Católica.

A la derecha el Oratorio de los Reyes Católicos. Cuarto Real Alto.

A éste dan otras dos habitaciones con artesonados de la época de Felipe II realizados por el ebanista Martín Infante, en la actualidad se utilizan como salones de apoyo al Comedor de Gala, pero en su origen eran el **Salón de Juegos o Billar** *y el de* **Fumar**.

El ala sur de este palacio está formada por una serie de habitaciones que se crearon en tiempos de Carlos V, eran las habitaciones del Rey, prueba de ello son sus artesonados que son de aquella época, aunque en el siglo pasado estuvieron ocupadas por las hijas de doña Isabel, de ahí que se las llame **las Habitaciones de las Infantas**, en ellas destacan la mayoría de los cuadros que cuelgan de sus paredes: retratos al pastel de los mencionados infantes, así como un espléndido cuadro realizado por Esquivel que retrata a la Reina y su hermana, o los paisajes de Fernando Ferrant.

Una vez pasado el **Mirador de los Reyes Católicos**, restaurado en el año 1977, de clara influencia granadina, llegamos al denominado

Arriba, vista general del Comedor de Gala.

A la derecha, las Habitaciones de las Infantas, llamadas así porque fueron ocupadas por las hijas de la reina Isabel. Todo ello en el Cuarto Real Alto.

Dormitorio del rey don Pedro, que es una de las habitaciones que quedan del siglo XIV, como el resto del palacio mudéjar, con sus yeserías polícromas. Estas han ido sufriendo diferentes alteraciones, y prueba de ello es que aparecen temas renacentistas entremezclados con los moriscos.

Siguiendo el recorrido, se sale a la **Galería Alta del Patio de las Doncellas**, que tiene su origen en el reinado de los Reyes Católicos pero rehecho en tiempos de Carlos V, de ahí su estructura y decoración renacentista. Entramos después en el **Antedespacho oficial**, que junto con el **Despacho** son espacios de reciente creación. En ellos el mobiliario es isabelino así como la mayoría de los cuadros, entre los que destacamos los paisajes románticos de Fernando Ferrant, las reproducciones historicistas de pequeño gabinete y los retratos de los Reyes Santos, Fernando de Castilla y Luis de Francia, obras de Pacheco. En el despacho destaca *La entrega de las Princesas*, obra del pintor flamenco Pablo Van Mullen del primer cuarto del siglo XVII.

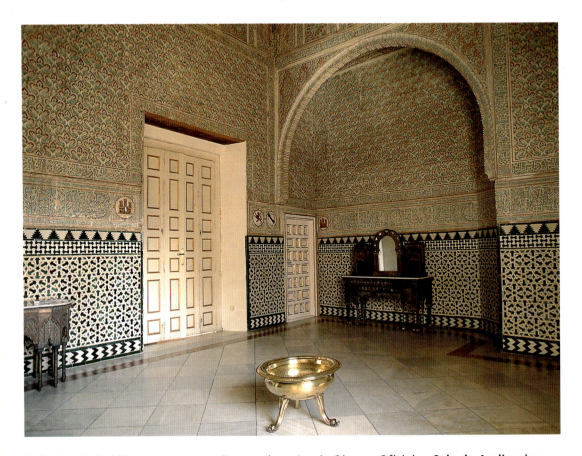

Arriba, dormitorio del Rey don Pedro, con influencias de varias épocas, desde renacentistas hasta moriscas.

Se pasa después a la **Cámara Oficial**, o **Sala de Audiencias**, otra de las habitaciones del siglo XIV, con su original decoración de yeserías con variados motivos decorativos. Su estructura sigue las de otras habitaciones de la misma época, con un gran arco central flanqueado por otros dos menores. Ésta cámara se complementaba con otras dos laterales separadas por un intercolumnio. Al igual que la que queda a su derecha, hay que destacar en ella la lámpara de cristal del siglo XIX.

Por último pasamos a la **Antecámara**, su estructura es moderna y presenta una decoración muy ecléctica propia del último tercio del siglo XIX, con muebles de estilo regencia, relojes y candelabros románticos, uno de los primeros tapices realizados en la Real Fábrica de Madrid, en época de Felipe V y, sobre todo, una mesa plegable de marquetería del siglo XVIII.

A la derecha, el Mirador de los Reyes Católicos. Cuarto Real Alto.

De esta sala salimos de nuevo al Vestíbulo, para descender por la escalera al Patio de la Montería.

Vista general de la Sala de Audiencias o Cámara Oficial, habitación del siglo XIV, en el Cuarto Real Alto.

VII PATIO DE LA MONTERÍA

Desde el Salón del Almirante y traspasando el corredor que lo antecede, se accede al Patio de la Montería. El citado corredor fue alzado entre 1584 y 1588 y su traza pertenece al entonces maestro mayor de albañilería del Alcázar, Antón Sánchez Hurtado, quien lo organizó superponiendo arcos de medio punto sobre columnas de mármol, toscanas las inferiores y jónicas las superiores, antepechadas éstas por barandas de balaustres de hierro de la misma época. El cerramiento de cristales es del siglo XIX. Ambas galerías se cubren con techumbres de la época de Martín Infante. El patio, algo irregular, antecede al Palacio del rey don Pedro cuya solemne fachada, a modo de tapiz, se alza poniendo el más bello límite a este testero de fondo. El de su flanco izquierdo lo ocupa una galería similar a la anterior ya descrita, pero en parte cegada que se ejecutó, junto con otras dependencias de ese sector, formando parte del programa de obras realizadas a raíz del terremoto de Lisboa de 1755. Originalmente, el Patio de la Montería se

Vista general del Patio del Asistente, del s. XVII, cuando era el centro de las oficinas y cocinas del Real Alcázar.

extendía hasta la Puerta del León y, según se cuenta, su nombre hace mención a la costumbre del Rey de reunir en este espacio a los monteros que le acompañaban en las jornadas de caza.

En él se han celebrado y se celebran espectáculos culturales de primera magnitud, e incluso durante la anterior centuria, sirvió de marco a una exposición de industrias y maquinaria durante los años de la primera República.

Su pavimentación actual es muy reciente, sustituyendo a la anterior que databa del año 1942 y que se encontraba en muy mal estado, formada por cuadros de losas de caliza macizados con ladrillo taco espigado y a sardinel.

VIII DEPENDENCIAS Y PATIO DEL CUARTO DEL ASISTENTE

Hacia el extremo derecho del fondo del patio hay una escalera que conduce al Cuarto Real Alto. Fue construida durante el reinado de

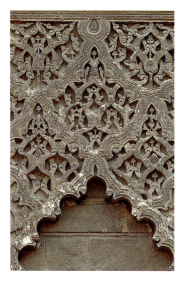

Detalle de la yesería de la puerta de la fachada del Palacio del rey don Pedro.

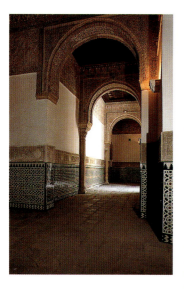

Vestíbulo del Palacio del rey don Pedro.

Felipe II y es la principal del edificio, decorada en sus tres tramos por un zócalo de azulejos que no son los originales pero sí coetáneos, y que proceden del Convento de la Madre de Dios. Su techo se cierra con un espléndido artesonado formado por casetones poligonales con florones. Doña Isabel II mandó decorar sus muros con bellos tapices de la colección Real en el año 1877, pero hoy en día se decoran con dos excelentes composiciones pictóricas, una *Inmaculada con donantes* atribuida a Francisco de Roelas y un *retrato de Godofredo de Bouillon* de Federico de Madrazo, con el que obtuvo una medalla de oro en París en el año 1837.

A la izquierda de esta escalera hay una puerta, a través de la cual se accede a una serie de dependencias que en el siglo XVIII recibieron el nombre de **Cuarto del Asistente** porque en ellas se ubicaba la vivienda del Asistente de la ciudad. Por su importancia histórica y cultural es de destacar el personaje que ostentara dicho cargo durante un tiempo: Pablo de Olavide, que celebraba aquí sus famosas reuniones y tertulias literarias en las que se respiraba los aires ilustrados procedentes de Francia. El centro de este conjunto está ocupado por el **Patio** también llamado **del Asistente**, que en el siglo XVII centraba las nuevas cocinas y Oficinas del Alcázar, ejecutadas entre 1614 y 1615, según trazas del arquitecto milanés Vermondo Resta, maestro mayor de obras del conjunto. Este patio, muy restaurado, tiene ahora un aire castellano y en él se conservan las columnas primitivas de mármol de la galería baja. Es muy soleado y alegre y da acceso a otros menores llamados del **Almirante**, de los **Mareantes** y de los **Levíes**, aludiendo los dos primeros a las piezas con las que lindan y el último a la bellísima galería que lo preside, procedente del Palacio de los Levíes de Sevilla y colocada aquí por el arquitecto Rafael Manzano, a quien se debe la ordenación de todo este sector.

En el siglo XVI toda esta zona era llamada *Corral de las Piedras*, porque era precisamente eso, un corral donde se almacenaban materiales de construcción para el edificio.

En la actualidad toda esta zona ha sido rehabilitada como salas de exposiciones, reuniéndose en ella una muestra de la azulejería sevillana más actual.

Saliendo de nuevo al Patio de la Montería entramos por la puerta principal del Palacio del rey don Pedro.

IX PALACIO DEL REY DON PEDRO

Se llama así en recuerdo de su constructor el rey Pedro I de Castilla, apodado *el Cruel,* por unos, y también *el Justiciero,* por otros. Fue edificado entre 1364 y 1366, tratando en su arquitectura de emular los palacios musulmanes como la Alhambra de Granada, los edificios del califato de Córdoba o los que ejecutaron los almohades en Sevilla, todo ello combinado con elementos y formas de la arquitectura cristiana. Su estilo, por tanto, es el mudéjar. No se conoce

Vista de la fachada del Palacio del rey don Pedro, edificado entre 1364 y 1366, emulando los palacios musulmanes como la Alhambra de Granada con elementos y formas de la arquitectura cristiana.

el nombre del arquitecto que lo trazó, pero en él trabajaron artistas, alarifes y artesanos procedentes de Granada, Toledo y Sevilla. Se compone de dos núcleos principales: uno áulico, en torno al Patio de las Doncellas, y otro más íntimo en torno al de las Muñecas.

A Fachada

La fachada del palacio cierra el testero de fondo del Patio de la Montería. Está conformado por dos cuerpos laterales de doble altura: el más bajo, construido en ladrillo, está formado por arcos de medio punto enmarcados por alfices y apeados sobre pilares de sección rectangular el más bajo; en cambio el superior, está organizado con un gran arco central también de medio punto sustentado por pilares y adornado en sus enjutas por atauriques, flanqueado a cada lado por grupos de tres arquillos peraltados y de medio punto sobre columnillas de mármol y prolongados en paños de sebka de tradición sevillana.

Galería Alta del Patio de las Doncellas. Detalle.

Estas galerías superiores enmarcan las ventanas de los salones principales del palacio alto, adornadas a su vez con yeserías siendo ejecutadas *post quem* a la conquista del reino de Granada, como lo prueban las granaditas heráldicas que adornan los huecos del fondo y el aire tan granadino y frágil de estas arquerías.

El cuerpo central de esta fachada es solemnísimo y se dispone a modo de bellísima colgadura, limitado en sus lados por pilares de ladrillos que arrancan de columnillas de mármol y coronado por un magnífico alero de madera de pino policromada, obra de carpinteros toledanos.

La puerta de acceso, que se abre en el centro del cuerpo bajo, es adintelada, con dovelas de piedras labradas con motivos de pámpanos de uvas de origen toledano y con sendos arcos ciegos de herradura polilobulados que descansan en sendas columnas de mármol y se prolongan en altura con paños de sebka. Todo ello es de tradición almohade, aunque el almohadillado es de tradición cordobesa. Los encintados cerámicos que recuadran los paños de esta portada hablan del influjo oriental, y los arquillos mixtilíneos sobre columnillas de fustes rosas y grises que componen el cuerpo de luces, remiten a los diseños de la arquitectura sevillana del siglo XII.

Granada es recordada en el dintel de descarga que aquí se rellena con cerámica blanca y azul, donde se repite el mote de los nazaríes: "Y no es vencedor sino Alá", mientras Castilla queda presente en la inscripción que en caracteres gótico-monacales enmarca este dintel donde se puede leer: "El muy alto y muy noble y muy poderoso y muy conqueridor don Pedro, por la gracia de Dios Rey de Castilla y de León mandó fazer estos alcázares y estas portadas que fue hecho en la era de mil cuatrocientos y dos". Dicha fecha es la de la era imperial correspondiente al año 1364 de la era cristiana, que fue cuando se iniciaron las obras de este palacio.

Toda esta portada recuerda en su composición a la del Cuarto de Comares de la Alhambra aventajándola en dimensiones, si bien aquélla es mucho más primorosa.

B Vestíbulo

Es una pieza rectangular estrecha y alargada, compuesta por tres tramos y articulada con arcos de medio punto peraltados, apeados sobre columnas coronadas por capiteles reaprovechados. Tres de éstos capiteles son visigóticos, procedentes posiblemente de la antigua basílica dedicada a San Vicente y encontrada en el actual Patio de Banderas, y el cuarto procedente de la Córdoba califal. Va cubierto con bellas techumbres de lacería pintadas y policromadas, así como adornadas sus paredes con un friso alto de yeserías que las recorre con motivos de ataúriques, inscripciones epigráficas, veneras y mocárabes, todos policromados de bellos colores. En la zona media de los muros y coronando los altos zócalos de alicatados de diseños geométricos, discurre otro friso de yeserías, éste adornado sólo con inscripciones en

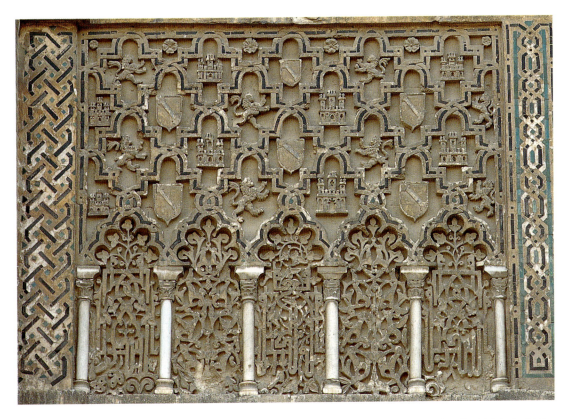

Detalle del Palacio del Rey don Pedro.

caracteres cúficos musulmanes. Estas labores de yeso cubren todos los arcos, extendiéndose tanto por sus caras externas como por sus arquivoltas e intradoses. El pavimento moderno está ejecutado con losas de tarifa.

De este pequeño vestíbulo parten a derecha e izquierda dos accesos que conducen en eje acodado a las dependencias principales del palacio, siendo éste un rasgo común a casi todos los palacios musulmanes que, por esa costumbre propia de los orientales de guardar la intimidad, evitan la visión directa del interior del edificio. Así, el de la derecha es un angosto y oscuro pasaje que desemboca directamente en el núcleo doméstico del palacio, el de las dependencias más íntimas de los soberanos, y su función era procurar, en casos de peligro, una salida rápida al monarca oculta a los ojos de la corte. El acceso de la izquierda conduce directamente a la zona áulica u oficial del palacio. Es un pequeño pasaje muy iluminado en el que destacan las puertas de madera ataujerada, pintadas y policromadas, obra de carpintería toledana y las dos bóvedas de interesantísimos diseños almohades del siglo XII, prueba de que las edificaciones de este

Galería Alta del Patio de las Doncellas.

A la derecha, fachada principal del Palacio del Rey don Pedro.

periodo llegaron hasta este sector y que reutilizándose aquellas estructuras anteriores se construyó este nuevo palacio. En el lado izquierdo de este pasaje hay unas escaleras que conducen al palacio alto y que en los documentos antiguos aparecen como *Escaleras de las Damas*. Siguiendo este acceso, llegamos al Patio de las Doncellas.

C Patio de las Doncellas

Traspasada la segunda puerta, está el bello y espectacular Patio de las Doncellas, centro de las dependencias oficiales del palacio. Tiene planta rectangular, rodeada de galerías en sus cuatro lados. Las bajas están formadas por arcos de herradura apuntados y polilobulados; los centrales son más grandes y peraltados marcando los ejes principales del patio y todos ellos apeados en bellísimas columnas de mármol de orden corintio procedentes de los talleres genoveses renacentistas de los Aprille de Carona que sustituyeron a las primitivas.

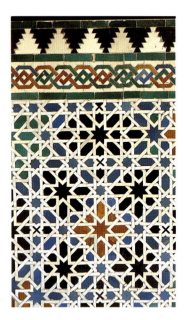

Zócalo del Patio de las Doncellas.

Estas arquerías se prolongan en paños de sebka calados, ejecutados con finas labores de yeso que recuerdan tradiciones cordobesas y granadinas. El conjunto se remata con un friso enmarcado por inscripciones cúficas musulmanas donde se repite insistentemente el lema de los nazaríes: "Sólo Dios vence" y que además de los motivos de atauriques ostenta los escudos de Castilla, de León y la heráldica imperial: el escudo con las águilas bicéfalas y el tema de las columnas herácleas con el lema "Non plus ultra", que revelan las importantes intervenciones ejecutadas en el patio durante el siglo XVI.

De la época mudéjar, no obstante, son los bellísimos zócalos de alicatados de diseños geométricos de lazos, todos ellos diferentes y de colorido muy vistoso que enjoyan las paredes del fondo de las galerías y las puertas. Las puertas, fabulosas, son de madera ataujerada, doradas y policromadas con pequeños postigos y con diseños diferentes, también de labores de lazo, por ambas caras. Son obras maestras de la carpintería toledana y dan acceso a las principales salas que abren al patio. Las mejores, sin duda, son las del Salón de Embajadores, pieza fundamental de este palacio en las que está inscrito el año de ejecución, 1366, siendo ésta la fecha considerada como la del final de las obras en la etapa mudéjar.

Tanto los corredores como el centro del patio están enlosados de mármol blanco, pero durante los siglos XIV y XV los pavimentos eran de barro raspado combinados con olambrillas. La fuente central tampoco es la original, pues la que está procede de la casa del deán López Cepero.

Las galerías altas fueron construidas a partir de 1540, según trazas del arquitecto real Luis de Vega. Desde antiguo existieron unas galerías en la planta alta, probablemente adinteladas sobre pilares de ladrillos, aunque de menor desarrollo que las actuales por las que fueron sustituidas. Éstas se organizan con arquerías de medio punto sobre columnas de mármol de orden jónico, antepechadas de balaustres torneados del mismo material y todo ello procedente de los talleres genoveses. A su vez, las fachadas tanto internas como externas iban cuajadas con yeserías platerescas. Las actuales son fruto de una restauración reciente, realizada utilizando los moldes extraídos de los restos antiguos que quedaban en las galerías de poniente y mediodía. El frente del corredor oriental, cubierto completamente de yeserías, también corresponde a una intervención recientísima que no guarda relación alguna con el edificio original.

A pesar de que en el siglo XVI se interviniera profusamente en el patio, estas actuaciones respetaron en esencia el carácter mudéjar de la construcción, incardinándose los elementos clásicos perfectamente con la obra medieval.

D Dormitorio de los Reyes Moros

Si tomamos la puerta que se abre en el centro de la galería derecha del patio, accedemos a esta pieza nombrada por el vulgo como Dormitorio de los Reyes Moros, que en el palacio mudéjar

A la derecha, vista nocturna del espectacular Patio de las Doncellas, donde se combinan elementos mudéjares y renacentistas.

Detalle de las puertas de madera ataujerada, dorada y policromada del Patio de las Doncellas.

Ventanitas geminadas con capiteles cordobeses en el Dormitorio de los Reyes Moros.

constituía el Cuarto Real componiéndose de dos piezas paralelas: la Cámara Regia y el Dormitorio de Verano del monarca.

Cada una de estas dos piezas posee una sala rectangular limitada en su extremo por una alcoba, marcando la separación entre ambas sendos arcos de herradura, el primero de lambrequines y el segundo polilobulado, apeados sobre columnas de mármol con fustes rosas y capiteles califales reaprovechados. Muy cordobés también es el acceso entre ambas salas, constituido por triple arquería sobre apoyos marmóreos y capiteles del mismo tipo que los anteriores, trasladados probablemente desde la vecina Córdoba.

El arco de entrada a esta sala, de medio punto con peralte, está coronado como la arquería frontera por tres celosías de yeso caladas. Estas yeserías, ricamente policromadas con delicados colores, se extienden prácticamente a todos los muros de la estancia, aunque concentrándose en las puertas y arcos recorriendo los muros altos a modo de friso, así como sirviendo de coronamiento y límite a los bellísimos zócalos de alicatados de diseño geométrico.

La primera de estas salas ostenta sendas ventanitas geminadas con arquillos de medio punto peraltados y pequeñas columnas mediales de fustes negros y capiteles cordobeses. También son de resaltar las techumbres, especialmente la primera, ejecutada con labores de lazos geométricos, originando bellísimos esquemas estrellados y artesones en forma de bovedilla, soportándose sobre un friso donde campea la heráldica del rey castellano, y todo ello ejecutado en madera pintada y policromada. Los pavimentos combinan unas zonas centrales de losas de mármol, flanqueadas por otras de barro y cerámica vidriada, dispuestas en zig-zag.

E   PATIO DE LAS MUÑECAS

En el extremo izquierdo de la Cámara Regia hay un vano que conduce al Patio de las Muñecas, núcleo del sector doméstico del palacio. Pero antes de llegar, hay que cruzar una pequeña sala cuadrada conocida como la **Cuadra de Pasos Perdidos**, que ostenta una techumbre plana de época Reyes Católicos y que debió sustituir al alfarje primitivo cuando comenzaron a ejecutarse las obras en este sector del Palacio Alto. Posee una solería de ladrillo y olambrilla y un vano situado a la izquierda que comunica con el Patio de las Doncellas.

El **Patio de las Muñecas** podemos considerarlo como una de las joyas de este palacio. Por su pequeña dimensión, por su extraordinaria belleza y por la delicadeza y minuciosidad con que está ejecutado, podría considerársele un objeto de orfebrería. Su estilo muy granadino se concreta en el uso de los arcos de medio punto peraltados y en el equilibrio asimétrico de sus testeros menores. En él, las columnas utilizadas que combinan los fustes negros y rosados coronados con delicados capiteles al gusto del califato, se dice que fueron traídas a Sevilla desde Córdoba por el rey Al-Mutamid.

Puerta de acceso con triple arquería entre las salas del Dormitorio de los Reyes Moros.

Este patio sufrió importantes transformaciones en el siglo XIX de la mano del arquitecto Rafael Contreras, quien añadió un entresuelo y una galería historicista en la planta alta, coronando todo con una montera de cristal. Las yeserías que ornamentan estos añadidos fueron sacadas de vaciados procedentes de la Alhambra de Granada. Por tanto, lo que resta de la obra original es sólo la planta baja.

La leyenda cuenta que este patio recibe su nombre de la existencia de unas pequeñas cabecitas insertadas en el arranque del arco izquierdo de la galería septentrional y que aún hoy podemos contemplar. El pavimento, todo de mármol, queda centrado por una fuente baja.

En el corredor situado a la izquierda desemboca aquel angosto y oscuro pasaje que permitía escapar al monarca, en caso de apuro, y salir al vestíbulo de entrada sin necesidad de atravesar la zona principal. Al frente de este mismo corredor se halla el acceso a la pieza conocida como el *Cuarto del Príncipe*.

Arriba, Patio de las Muñecas, núcleo del sector doméstico del palacio.

A la derecha, la sala central del Cuarto del Príncipe, donde cabe destacar las labores de lacerías y mocárabes de la techumbre.

F CUARTO DEL PRÍNCIPE

Recibe este nombre en recuerdo del príncipe Juan, heredero de los Reyes Católicos que nació en este Alcázar en 1478. Murió muy joven truncando las esperanzas de sucesión en línea directa de la monarquía española, que recaería en Carlos de Habsburgo, nieto de Isabel y Fernando. La muerte le sobrevino por su afición a los amoríos, como recuerda el epitafio de su tumba donde poéticamente se dice que "murió de mal de amores".

Esta pieza se compone a la manera de las del palacio granadino, es decir con una sala central y dos alcobas laterales, separadas por bellos arcos, de las cuales, la de la izquierda, abre directamente al jardín también nombrado del Príncipe, mediante un vano por el cual se ilumina extraordinariamente toda la sala. La pieza central posee una ventana abierta con posterioridad a la galería del Patio de la Montería; precisamente, las yeserías que la enmarcan van sin policromar para diferenciarlas del resto que decora este conjunto, decoración que como es característico se da en forma de frisos que recorren los muros altos, pero que aquí dibujan arcos polilobulados sostenidos con columnillas y motivos de lazos así como inscripciones cúficas, todo ello

Vista general del Cuarto del Príncipe, llamado así en recuerdo del príncipe Juan, heredero de los Reyes Católicos que nació aquí en 1478.

intensamente policromado. Las fachadas de los vanos de acceso y los huecos cerrados por celosías que coronan la puerta principal, también ostentan labores de yeso enriquecidas con motivos geométricos y de atauriques.

Son de destacar las bellas techumbres de estas piezas; la central rectangular, adaptándose a la planta de la sala, es plana ostentando labores de lazo intensamente doradas y policromadas que generan estrellas de doce puntas combinadas con artesones poligonales de mocárabes.

Las correspondientes a las alcobas laterales presentan formas diversas; la de la derecha es una artesa ochavada, sustentada por trompas de mocárabes destacando en ella las labores de lazo y el friso pintado con los motivos heráldicos de la monarquía castellana. Este techo se halla muy retocado. El correspondiente a la alcoba izquierda es uno de los mejores ejemplares de los ejecutados en el Renacimiento. Su autor fue el maestro mayor de carpintería del Alcázar Juan Simancas, quien lo ejecutó en 1543. Fecha y autor aparecen recordados en una cartela situada en el friso de sustentación, concretamente en el testero de fondo, como también el año de su

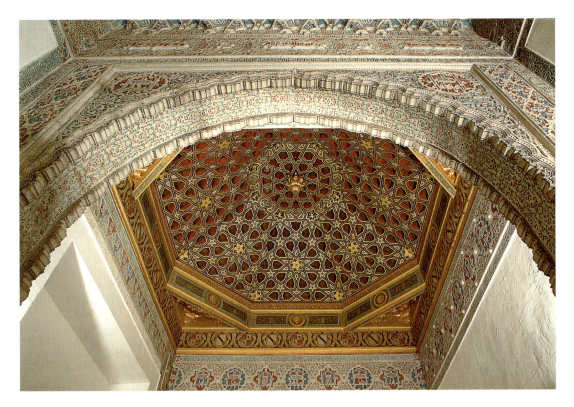

Artesonado del lado derecho del Cuarto del Príncipe, donde hay que destacar las labores de lazo de las trompas mocárabes y el friso pintado con los motivos heráldicos de la monarquía castellana.

más reciente restauración (1834). Se trata de un techo plano cuadrado, ricamente pintado y policromado, conformado por artesones de igual forma, ejecutados con labores de lazo de diseños diversos centrados por piñas de mocárabes y separados con molduras en forma de balaustres platerescos. El friso va decorado con figuras humanas y de animales afrontadas que sostienen escudos y la cartela ya citada, constituyendo también una muestra del más puro estilo del renacimiento español.

Las solerías actuales de estas estancias han sido colocadas en una restauración recientísima, trasladando las antiguas a algunas de las salas del Palacio Alto para evitar así su deterioro por el paso continuo de público.

Todo este conjunto, en el palacio Mudéjar, correspondería probablemente al Cuarto de la Reina. Cuando el palacio fue habitado por Isabel la Católica, estas estancias pasaron a ser el aposento de verano, y se construyeron en el mismo sector, pero en planta alta, los aposentos de invierno de la reina, a los que se accede desde estas piezas a través de unas escaleras situadas tras la puerta que se abre en el testero occidental, junto al vano que da al jardín.

Arriba, artesonado de la sala central del Cuarto del Príncipe con estrellas de doce puntas combinadas con artesones poligonales de mocárabes.

A la derecha, techumbre del Salón del techo de Felipe II, realizada por Martín Infante entre 1589 y 1591.

G Cuarto del techo de los Reyes Católicos

Desde el patio de las Muñecas, hacia la derecha y tras la galería de este sector se encuentra esta sala cuadrada, simétrica a la de Pasos Perdidos y, como aquélla, ostentando una bella techumbre que por haberse realizado en tiempos de los Reyes Católicos presta su nombre a esta cuadra. Es una techumbre muy bella ejecutada con diseños de lazos conformando una especie de franja ancha que enmarca un dibujo central presidido por una piña de mocárabes dorada. Toda ella se encuentra sustentada por un friso que luce la heráldica de los reyes Isabel y Fernando: el yugo y las flechas y el lema "Tanto Monta" que expresaba la igualdad de ambos monarcas, unificadores de los reinos españoles, en el ejercicio de su poder. También aquí son muy bellas las yeserías que recorren los muros altos de esta pieza y que enmarcan el ajimez o ventana geminada, que abre al Jardín del Príncipe y el vano de acceso a la pieza contigua.

Destaca la importancia del pavimento de barro y olambrillas, limitado por una bellísima cenefa de cerámica vidriada, por ser una de las pocas solerías originales que aún se conservan.

H Salón del techo de Felipe II

Traspasando la puerta situada en el testero izquierdo, se accede a este elongado salón llamado así en alusión a la techumbre ejecutada entre 1589 y 1591, bajo el reinado de Felipe El Prudente. Fue trazado por el entonces maestro mayor de carpintería del Alcázar, Martín Infante, y se compone de artesones cuadrados, tallados en su interior con esquemas geométricos muy renacentistas, posiblemente inspirados por los de Serlio. Se sustenta sobre un friso de ménsulas y todo el conjunto fue dorado y pintado por Baltasar de Bracamonte, pintor activo en el Alcázar por aquellas fechas. Por la forma que posee esta techumbre también era nombrada como Sala de la Media Caña. Y, al igual que la pieza que cubre, es la de mayor longitud que posee el palacio.

En el testero derecho se abre una puerta que permite el acceso al jardín del Príncipe flanqueada por dos ventanas ajimezadas que abren vanos al mismo lugar a través de los cuales penetra una intensa luz en la estancia que acentúa la riqueza de sus ornatos.

Destaca, sin lugar a dudas, el llamado **Arco de los Pavones**, en alusión a los pavos reales que lo ornamentan, que da acceso a la pieza fundamental del palacio Mudéjar: el Salón de Embajadores.

Este arco era el acceso primitivo del salón cuando éste formaba parte del palacio abbadita de Al-Muwarak (s. XI) cuya orientación principal era hacia poniente.

Se trata de una composición solemnísima, en la que un gran arco de herradura muy rebajado enmarca una triple arquería de ascendencia cordobesa, sustentada en columnas de bellos fustes oscuros coronados por sendos capiteles, uno califal y otro renacentista,

Arco de Pavones, del siglo XI.

Detalle del pavo real en lo alto del Arco de Pavones.

ambos dorados. Por encima se disponen las características ventanas con celosías que, como se ha visto, constituyen una constante en la arquitectura de este palacio, al igual que en la Alhambra o en Medinat al-Zahara. En todo este conjunto destacan sus bellísimas yeserías, policromadas y doradas, pero sobre todo las figuras de aves, no sólo los bellos pavos reales antes mencionados, sino también el friso compuesto por un conjunto de aves de presa, como águilas y halcones, en diversas actitudes y sobre fondos vegetales conformando círculos. Estos motivos fueron tomados de los tejidos orientales que llegaban hasta la corte sevillana del rey Pedro como presentes de las embajadas del lejano Oriente.

Al igual que el resto de los salones del palacio, sus muros ostentan altos zócalos de alicatados con dibujos de lazos rematados por frisos de almenas.

En el testero derecho, al fondo de esta pieza, se alza una puerta que conduce a las llamadas Salas de Infantes y, flanqueando el Arco de los Pavones, se abren sendas puertas que permiten acceder a las alcobas laterales del Salón de Embajadores.

LA VISITA

I SALÓN DE EMBAJADORES

Vista general del Salón de Embajadores, pieza fundamental del Palacio Mudéjar.

Es el salón del trono del palacio Mudéjar y la pieza más rica y espectacular del conjunto. Es cúbica y está cubierta por una cúpula hemisférica conocida en los documentos como la Sala de La Media Naranja, en alusión a la forma de su cubrimiento; va flanqueada por dos alcobas laterales en forma rectangular.

Tres de los testeros de la pieza central se resuelven en triples arquerías de herradura de ascendencia cordobesa, enmarcadas por arcos mayores rehundidos en el muro que recuerdan extraordinariamente en su composición a los que existen en el Salón rico del palacio cordobés de Medinat al-Zahara. Destacan en ellos la utilización de columnas con fustes oscuros y rosados, coronados por capiteles califales dorados. El arco por el que ahora se accede al Patio de las Doncellas fue abierto en el siglo XIV, cuando se reutilizó este antiguo Salón del Trono musulmán para, en torno a él, construir el nuevo palacio de Don Pedro. Se cubre por una fabulosa cúpula leñosa, decorada con labores de lazo que generan estrellas

Detalle del zócalo del Salón de Embajadores.

47

Arriba, cúpula del Salón de Embajadores, obra de extraordinaria riqueza y ejecución.

A la derecha, arquerías del mismo Salón, que recuerdan en su composición a las que existen en Medinat al-Zahara.

queriendo simbolizar el universo. Ésta que ahora vemos no es la original, pues fue ejecutada en el año 1427 por el carpintero del rey Diego Roiz, reinando en España Juan II, según consta en una inscripción conservada en ella.

Todos los elementos de esta pieza son una réplica directa de la gran *qubba* del palacio cordobés de Medinat al-Zahara; sin embargo las magníficas yeserías que tapizan los muros en su integridad con labores geométricas, paños de sebka, ataurique e inscripciones en caracteres cúficos, encuadrando los paños decorativos, pertenecen a los siglos XIV y XV. También pertenecen al siglo XIV los magníficos zócalos de alicatados con diversos diseños geométricos. La policromía y el dorado acentúan la suntuosidad y riqueza de esta estancia fabulosa.

A la época mudéjar pertenecen asimismo las espléndidas puertas de gorroneras, fechadas en 1366, ejecutadas en madera ataujerada, pintada y policromada y con diseños de lazos, distintos en sus dos

Arriba, detalle de las yeserías del Salón de Embajadores.

En la página siguiente, arriba, detalle de la cúpula del Salón de Embajadores. Abajo, detalle de los zócalos en el mismo Salón.

caras, siendo éstas las mejores que posee el palacio. Se consideran auténticas joyas de la carpintería toledana.

Durante el siglo XVI, concretamente entre 1592 y 1597, se abrieron en los muros altos de esta estancia los cuatro balcones que la comunican con las piezas del palacio Alto situadas en su entorno. Fueron ejecutados en su labor de cerrajería por Francisco López y constituyen una de las piezas más importantes del Alcázar en su género. También de esta misma época es la galería de reyes pintada en el friso y enmarcada en capillitas góticas. Fueron ejecutadas por Diego de Esquivel, entre 1599-1600, y en ella se representa a los monarcas españoles desde Recesvinto hasta Felipe III. A este mismo pintor se deben los treinta y dos bustos de damas que se disponen en la zona superior a este friso y que fueron ejecutados en 1598, debiéndose posiblemente también al mismo toda esta ornamentación pictórica alta, con los símbolos de la monarquía española en general y los de cada monarca en particular.

A esta pieza central la completan dos alcobas laterales y simétricas de plantas rectangulares que se cubren con techumbres de madera, realizadas entre 1590 a 1598, sustituyendo a las primitivas y que se

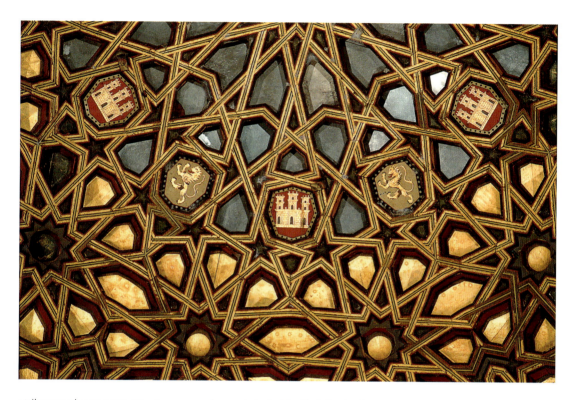

atribuyen al entonces maestro mayor de carpintería Martín Infante. Se componen de artesones cuadrados con diseños geométricos. Ambas salas ostentan un friso que remata la parte alta de sus muros, ejecutado por maestros góticos, decorados ambos por siluetas planas de personajes y animales y hojas de vid, roble, encina e higuera. Una de estas salas se abre directamente al Patio de Muñecas y la otra a las llamadas Salas de Infantes.

J Salas de Infantes

Está constituida por una pieza central y dos colaterales en composición simétrica al llamado Cuarto del Príncipe del sector norte. A esta pieza se la conoce como el Comedor, pero originalmente fueron los aposentos de los Infantes. Se hallan muy retocadas habiéndose sustituido sus antiguas solerías y restaurado extraordinariamente sus pinturas, con colores en exceso estridentes, tanto en las yeserías como en las techumbres.

La sala central abre, a través de un corredor, al Jardín de las Galeras y en ella nació, en 1848, María Isabel de Orleáns Borbón, hija

Arriba, la Sala de Infantes.

A la derecha, Salón del techo de Carlos V, antigua capilla del palacio.

de los duques de Montpensier, hecho que se recuerda por la inscripción situada en el muro.

K   SALÓN DEL TECHO DE CARLOS V

A través de las Salas de Infantes se llega a la que fuera antigua capilla del palacio, hoy conocida como Sala del Techo de Carlos V, precisamente en alusión al que ostenta, ejecutado en el reinado del emperador (1541 1542), y cuya autoría se le adjudica al maestro de carpintería Sebastián de Segovia.

El uso que como capilla esta estancia tuvo queda corroborado por la inscripción que, en caracteres góticos monacales, enmarca la puerta de entrada reproduciendo una conocida oración eucarística: "Pasión de Cristo, confórtame. Agua del costado de Cristo, lávame; etc.".

El vano de acceso, de medio punto, se halla coronado por las ventanitas con celosías y enmarcado por ricos paños de yeserías con motivos epigráficos de atauriques y geométricos que enjoyan las ventanas geminadas que flanquean la puerta. Estos vanos se cierran

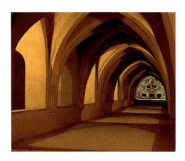

Arriba, vista de los Baños de doña María de Padilla, que en época almohade fueron un patio de crucero.

con puertas de madera ataujerada, doradas y policromadas del mismo tipo utilizado en los demás salones. En el interior, esta pieza se compone de una sala y la alcoba, separadas ambas por un bello arco de medio punto apeado sobre columnillas coronadas por capiteles califales. Bellos frisos de yeserías adornan sus muros rematándolos en su zona alta; uno con motivos de lazo y de inscripciones cúficas, alternando con la heráldica castellana y otro, en su zona intermedia, que corona los zócalos de alicatados. Las solerías han sido renovadas.

Debemos destacar especialmente su techumbre, una de las más bellas del Alcázar, compuesta de artesones poligonales y otros menores romboidales, limitados por bellas molduras clásicas. En sus espacios centrales destacan airosas rosetas que, en la zona intermedia, alternan con bellos bustos de personajes, tanto de caballeros como de damas, de jóvenes y de ancianos, todos de porte muy clásico. El conjunto se sustenta sobre un friso, también de madera tallada, donde alternan los símbolos heráldicos imperiales: el escudo con el águila bicéfala y la empresa de las columnas. Este techo sustituyó al original de la época mudéjar y, debido a su composición, la sala, durante el período renacentista, recibió el nombre de Sala Nueva baja o Sala de los Artesones.

Saliendo de nuevo al Patio de las Doncellas, el itinerario que podemos seguir tiene dos caminos, por un lado podemos subir por una angosta escalera, situada en el ángulo de nuestra derecha, que da acceso a la actual Capilla, antiguo salón del palacio gótico, o, salir de nuevo al Patio de la Montería, y dirigiéndonos a la derecha, penetramos en el corredor de Carlos V, construcción dieciochesca, que nos da paso al antiguo Patio del Crucero, que da acceso al conjunto del palacio gótico. Vamos a elegir esta última alternativa desembocando en el Patio del crucero.

X PATIO DEL CRUCERO O DE DOÑA MARÍA DE PADILLA

Desde el Patio de la Montería y hacia la derecha, hay una galería ejecutada en el siglo XVIII que sirve de enlace con el Apeadero. Hacia el centro de la misma se abre una puerta, también dieciochesca, que conduce al **Patio de doña María de Padilla**.

Se trata de un espacio cuadrangular con vegetación en los cuatro cuadros de ángulos, limitada por setos de arrayán. Originalmente éste fue un patio de crucero almohade (s. XII), ejecutado en dos niveles, constituido el superior por cuatro andenes que se cruzaban en el centro y por otro que recorría todo su entorno. Estos andenes eran sostenidos por pilares y bóvedas en la planta baja centrada por una alberca.

Este jardín sería renovado a mediados del siglo XIII cuando Alfonso X mandó edificar el Palacio Gótico, construido por los actuales Salones de Carlos V a los que este patio preside.

Ya en el siglo XVIII se interviene en él intensamente después del trágico terremoto de Lisboa que tanto daño causó en gran parte de los edificios del Alcázar. En esta campaña de obras se ejecutó el

A la derecha, techumbre del Salón del techo de Carlos V, adjudicado al maestro de carpintería Sebastián de Segovia.

La Virgen de los Reyes entre
San Hermenegildo y San Fernando.
Capilla de los Salones de Carlos V.

*A la derecha, vista general de la
Capilla de los Salones de Carlos V.*

corredor de corte neoclásico trazado por el ingeniero Sebastián van der Borcht, que antecede a los salones.

XI SALONES DE CARLOS V

Éste es el nombre actual con que se conocen los salones que conformaban el Palacio Gótico que mandara edificar Alfonso X el Sabio, a mediados del siglo XIII, sobre los restos del palacio musulmán ejecutado por los almohades. Este palacio, en la Edad Media, fue también llamado Cuarto del Caracol en alusión a las escaleras de este tipo que se localizan en las torres angulares que lo componen; sus muros se remataban en almenas, rasgo que exteriormente aún conserva. En estas estancias vivió María de Padilla cuyo nombre queda recordado en el patio que antecede a estos salones en los que se reunía la corte de Alfonso X el Sabio.

El palacio en la actualidad se halla muy remodelado aunque conserva su primitiva disposición: dos salones mayores rectangulares y paralelos al patio y otros dos, menores, situados perpendicularmente a

Tapiz de la conquista de Túnez. Salón de los Tapices.

los mayores. Excepto el primero, llamado Salón de Tapices, los tres siguientes conservan las recias bóvedas de crucería góticas ejecutadas por canteros burgaleses, aunque la austeridad del gótico quedó oculta por motivos renacentistas que se le añadieron entre 1577 y 1583. En este periodo se abrieron los grandes ventanales que dan al jardín convirtiendo aquellos salones oscuros en salas llenas de luz. La parte baja de sus muros presenta un majestuoso zócalo corrido de azulejos, ejecutados por el siciliano Cristóbal de Augusta en los que con temas renacentistas se rendía homenaje al emperador Carlos y a la emperatriz Isabel, cuyo banquete nupcial se celebró aquí por lo que también se las conoce como **Salas de las Bóvedas** o de **Las Fiestas**. Las lamparas son de principios de siglo, realizadas para el pabellón Real de la Exposición Iberoamericana de 1927.

El siguiente salón recibe el nombre de **Salón de Tapices** referencia a los magníficos que cuelgan de sus paredes. Representan escenas relativas a la conquista de Túnez, una de las grandes empresas militares del Emperador, y fueron pintados por Jean de Vermayen y después tejidos por Guillermo Pannemaker (1535-1554). En la actualidad esta pieza se halla casi totalmente remodelada, luciendo abundantes molduras y elementos decorativos que no tenía en su origen.

La **capilla** se sitúa en el flanco derecho, presidida por un retablo de *La Virgen de la Antigua* de estilo sienés. Entre los numerosos cuadros que adornan sus muros merece especial atención *La Adoración de los pastores*, documentado muy recientemente, obra del pintor Juan Leandro de la Fuente, quien lo realizó en Granada en 1639. Se trata de una obra de gran barroquismo, no exenta de belleza en la que el color, el claroscuro y la soltura de la pincelada acusan el influjo de lo veneciano.

También merece citarse *La Virgen de los Reyes entre San Hermenegildo y San Fernando*, ejecución del pintor Domingo Martínez, en 1740, para el Palacio Real del Lomo del Grullo y, como el anterior, recientemente documentado.

La sala simétrica a ésta, y con iguales características, recibe el nombre de **Sala de la Cantarera** y, como el primero de los salones, ostenta bellas rejas ejecutadas en el siglo XVI. En la actualidad alberga la Biblioteca del Alcázar.

Saliendo del Salón de azulejos de este Palacio Gótico, desembocamos en el estanque grande que da acceso al conjunto de los jardines.

XII JARDINES

Estos comprenden una extensión de aproximadamente siete hectáreas, los cuales se diferencian tanto por su cronología como por el espacio que ocupan. Los que hoy podemos admirar son los que desde hace tiempo se denominan **Jardines Hispanomusulmanes**, que forman un cinturón expansivo partiendo del propio edificio palatino, a expensas de las huertas que originariamente ocupaban este

A la derecha, vista general del Jardín del Estanque o de Mercurio.

Arriba, el dios Mercurio, por Diego de Pesquera. Figura que se encuentra en el centro del estanque del Jardín de Mercurio.

lugar, sin obedecer a un concepto unitario, es más, en planos antiguos éstos se presentaban separados por muros y como espacios abiertos de cada una de las dependencias palatinas adyacentes; así, son el resultado de una serie de múltiples intervenciones a lo largo de los siglos, con criterios muy variados.

El jardinero de la Real Casa, Gregorio de los Ríos, en su tratado *Agricultura de Jardines* define el jardín como un espacio cuadrado para preservar la simetría, cercado de tapias y "sin árboles de fruta, porque ya no sería un jardín sino huerta o granja y los jardines no requieren sino árboles de flor que tengan olor y vista suave". Esta será la pauta seguida en sucesivas fases, a lo largo de los siglos XVI y XVII, en los jardines más antiguos del Alcázar que, sin perder su primitiva estructura compartimentada de origen islámico, recibirán un tratamiento específico de acuerdo con esta estética manierista italiana. Aunque muchos elementos de estos jardines se han perdido, aún quedan restos suficientes que ayudan a imaginar la grandeza que antaño tuvieron.

El sector que se extiende tras la muralla se llamó, durante la Edad Moderna, **Huerta del Parque** y después del **Retiro**. En la actualidad, presenta una ordenación ajardinada realizada en este siglo.

A   Estanque Grande o de Mercurio

De forma cuadrangular, y cercado por una barandilla, tiene en su centro una fuente rematada por la figura del dios *Mercurio*, que porta un caduceo y eleva sus pies alados sobre un basamento decorado con figuras infantiles y mascarones de los que salen los caños del agua. Se trata de una bellísima obra ejecutada por el escultor Diego de Pesquera y fundida por Bartolomé de Morel, quienes también realizaron los cuatro leoncitos con escudos y las bolas rematadas por pirámides, objetos todos ellos de bronce que después iban dorados. Esta intervención se llevó a cabo entre los años 1576-1577, fechas inscritas en la base que sustenta cada uno de los leones de ángulo. También en este periodo se ejecutó la baranda de balaustres torneados de hierro.

El jardín queda limitado en su lado oriental por la bellísima **Galería del Grutesco**, obra del arquitecto Vermondo Resta quien, enmascarando la antigua muralla, ejecutó este primer tramo en forma de arco triunfal entre los años 1612 y 1613. Se ordena en dos cuerpos, con arquerías ciegas en el inferior y el superior es un mirador a modo de arco, con dos vanos laterales, rematado por una cornisa que en su centro se hace triangular y se corona con castillete y pináculos piramidales. El resto se construyó, a manera de miradores, entre los años 1613 y 1621. Todo el conjunto originalmente iba pintado al fresco con temas de carácter alegórico - mitológico, obra de Diego de Esquivel que narraban la extraordinaria riqueza de la Sevilla del siglo XVI, "puerto y puerta de las Indias", donde se centralizaba el monopolio del comercio con América; más adelante fueron repintadas, modificadas y mal restauradas al principio de este siglo.

Arriba, vista del Jardín de la Danza, llamado así por las figuras de ninfas y sátiros que lo adornan.

B JARDÍN DE LA DANZA

A través de la escalera dieciochesca se llega a este jardín rectangular ordenado en dos niveles, presidido el primero por sendas columnas de mármol y centrado el segundo por una bellísima fuente poligonal, forrada de azulejos, con saltador de bronce bellamente labrado en el siglo XVI.

En el segundo sector los andenes presentan los llamados *burladores*, orificios por donde mana el agua produciendo bellos juegos, muy del gusto manierista, y bancos de fábrica forrados de azulejos sevillanos.

Recibe el nombre de La Danza porque entre los siglos XVI y XVII se enriqueció con figuras de ninfas y sátiros que parecían danzar en corro con sus cuerpos recortados en el mirto. Gestoso en el siglo pasado aún vio dos de ellas sobre las columnas de mármol, eran de plomo y fundidas en el siglo XVI.

La vegetación que aquí crece se compone de naranjos pegados a los muros circundantes, mirto que conforman los setos, así como ficus de gran altura y algunas otras plantas agregadas con posterioridad.

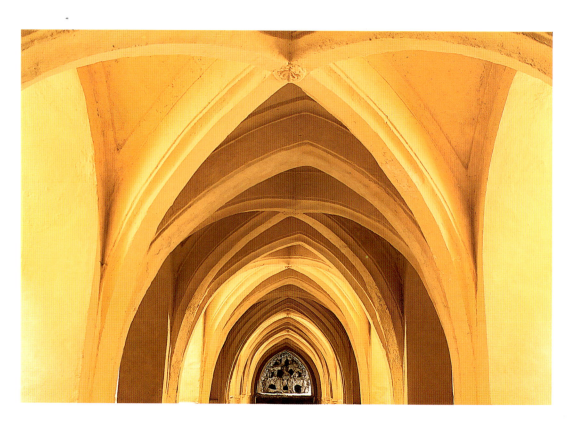

Bovedas de crucería góticas en los Baños de doña María de Padilla.

C Jardín del Crucero o Baños de doña María de Padilla

En el flanco derecho del Jardín de la Danza, bajando unos escalones, nos hallamos en un espacio enladrillado por el cual se accede a la planta inferior del Jardín del Crucero, que suelen llamar los **Baños de doña María de Padilla**. Es de entrada abovedada y primitivamente fue un jardín de crucero, edificado por los almohades en el siglo XII. Era de planta rectangular y originalmente poseía dos niveles en altura; la primera conformaba el actual **Patio de doña María de Padilla** y estaba constituido por dos andenes que se cruzaban y por otro andén que lo limitaba en todo su perímetro. Este nivel alto estaba sostenido por bóvedas en el plano bajo, apeadas sobre pilares y en la zona central una alberca. Los cuatro ángulos estaban sembrados de naranjos, cuyas copas subían hasta el nivel de los andenes superiores. Este jardín formaría parte del palacio almohade sobre cuyos restos elevaría Alfonso X a mediados del siglo XIII, su Palacio Gótico, reaprovechando este jardín y respetándolo en su integridad, aunque reforzándolo con bóvedas de crucería góticas.

Vista del Jardín de Troya, llamado así por un laberinto de piedra del mismo nombre que conformaba su pavimento en el siglo XVI.

Durante el siglo XVI, concretamente en 1578, se intervino en él construyendo una fuente gruta al fondo, en el extremo de la alberca, adornada con figuras y cuyas bóvedas y paredes fueron pintadas al fresco; en las bóvedas se materializó un programa decorativo conteniendo descripciones de los signos zodiacales. De este modo, el jardín medieval fue transformado al gusto renacentista.

En el siglo XVIII y después del terremoto de Lisboa, este jardín hubo de ser macizado hasta el nivel de los andenes superiores con objeto de reforzar las estructuras que habían quedado seriamente dañadas. En la actualidad se le ha devuelto en parte la imagen que antaño tenía. El nombre de Dª María de Padilla le viene en recuerdo de aquella dama que habitó el Palacio Gótico, cortejada y deseada por el rey Pedro el Cruel.

Saliendo de nuevo al Jardín de la Danza y siguiendo el itinerario de la derecha nos vamos a encontrar tres espacios bien delimitados que fueron tres jardines diferentes que con el paso del tiempo se han conocido con diferentes nombres, de los que nosotros utilizaremos el que aparece reseñado en el plano del siglo XVIII.

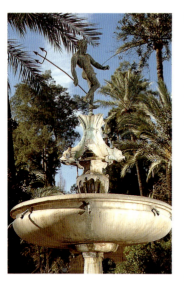

Arriba, fuente de Neptuno, antiguamente en el jardín que lleva su nombre, aunque hoy en día la podamos ver en el Jardín de las Damas.

D Jardín de Neptuno o Troya

Una puerta permite el acceso a un nivel más bajo en el que se encuentra el Jardín de Neptuno o de Troya, su nombre primero viene de que aquí estaba la Fuente de Neptuno, hoy colocada en el Jardín de las Damas; el de Troya proviene de un laberinto de piedra que conformaba su pavimento en el siglo XVI y que se llamaba del mismo modo. Éste no se ha conservado y el actual es moderno, ejecutado de ladrillo y olombrilla, con una bella fuente poligonal en el centro.

Es de destacar el corredor que se alza a la izquierda, que comunica con el Jardín de las Damas y que fue ejecutado en 1606 por el arquitecto Vermondo Resta, ornamentado con sillares a la rústica y distintas cabezas humanas en los capiteles de sus pilastras. Originalmente estuvo pintado al fresco. Sobre este corredor discurre un pasaje alto que partiendo del Jardín del Estanque llega hasta el último, llamado de Las Flores o del Risco, pues corona el muro que separa esta primera franja de jardines de la segunda, pudiendo contemplar desde aquí una bella panorámica de todo el conjunto.

E Jardín de la Gruta o de la Galera

A través de un arco de medio punto abierto en el muro divisorio, se accede a un jardín rectangular cuya vegetación se ordena en cuatro arriates limitados por setos de arrayán. En su centro hay una columna erigida por el Ayuntamiento en el año 1991 en recuerdo del rey Almutamid, con una inscripción en su anverso, que dice: "La ciudad de Sevilla a su rey poeta Almutamid Ibn Abbad en el IX Centenario de su triste destierro. 7 de septiembre de 1091/ Rachab 384. Sevilla 1991". En el reverso aparece grabada la leyenda "No hay más Dios que Dios" y el poema "Dios decrete en Sevilla la muerte mía y allí se abran nuestras tumbas en la resurrección".

Recibe su nombre de unas galeras que en el siglo XVII lo adornaban, recortadas en el mirto y que simulaban cañoneras con chorros de agua como si se tratara de una batalla naval.

En el testero junto al palacio, se extiende una galería cubierta por una estructura metálica a modo de pérgola, que conserva los pedestales de piedra del siglo XVI, labrados con bajorrelieves de danzarinas y de grutescos y que debieron pertenecer al primitivo corredor que allí existió.

F Jardín del Risco o de las Flores

En el muro de fondo del Jardín de las Galeras se abre un arco que comunica con el siguiente jardín. Éste posee un estanque rectangular que se apoya entre dos de los muros delimitadores. Dicho estanque iba presidido por una gruta, o risco, cuyos restos aún subsisten, conformados por piedra coquerosa y figuras y adornos de barro cocido.

A la derecha vista de la portada-nicho realizada por Vermondo Resta en el Jardín de las Flores.

Puerta de paso hacia el Jardín del Cenador desde el Jardín de las Damas.

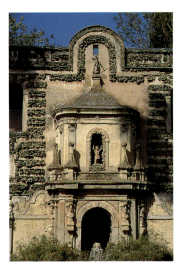

Gruta grande en el Jardín de las Damas.

Las paredes del estanque van forradas por bellos azulejos, ahora un poco deteriorados, que ostentan la técnica de la cerámica plana polícroma, llegada a Sevilla desde Italia de la mano de Niculoso Pisano.

En el flanco occidental se alza una portada nicho, de arquitectura muy manierista y atribuida a Vermondo Resta, enmarcando los restos de la que fuera la gruta fuente, ejecutada entre 1589-1601, adornada con gran profusión de figuras, conchas, caracoles, nácares y demás elementos marinos, llevados desde la cercana costa de Cádiz, y que luego iban vistosamente policromados. En la actualidad alberga un busto, probablemente del emperador. Los andenes de ladrillo quedan presididos por una fuentecilla de tipología islámica y en sus arriates crece una vegetación de gran altura, limitada por setos de arrayán o mirto.

G JARDÍN DEL PRÍNCIPE

Para llegar a éste es necesario retroceder hasta el Jardín de la Galera y subir al corredor que está junto a los muros del palacio, y seguir hacia la izquierda, antiguamente se accedía a él, desde el Jardín de las Flores por medio de una escalera. Este jardín, que es el último de esta primera franja, es el más antiguo de todos aunque se halla totalmente remodelado. Su nombre recuerda al primogénito de los Reyes Católicos, el príncipe Juan, que nació en una de las piezas del palacio colindante con este jardín.

Está presidido por un **corredor** llamado también **del Príncipe**, ejecutado a fines del siglo XVI (1589-1595), por Lorenzo de Oviedo, entonces maestro mayor de albañilería del Alcázar. Se compone de dos cuerpos superpuestos de arcos de medio punto sobre columnas de mármol, cerrado el superior por cristaleras modernas. Conserva, sin embargo, las techumbres de madera originales, ambas fechadas, y atribuidas al maestro mayor de carpintería Martín Infante.

El segundo corredor que se alza en el flanco de mediodía, fue ejecutado por el arquitecto Rafael Manzano Martos en 1976. Posee andenes de ladrillo que se cruzan presididos por una fuentecilla moderna. La vegetación se ordena en cuatro cuarteles limitados por setos de mirto donde se alzan algunas palmeras.

H JARDÍN DE LAS DAMAS

Este jardín, uno de los mayores del sector antiguo, tiene planta rectangular y fue trazado con todos sus elementos ornamentales por el arquitecto de origen milanés, y ya nombrado, Vermondo Resta, convirtiéndose en el jardín manierista más bello y moderno de los que existieron en la España de los Austrias. Su ordenación se inició en 1606 y se terminó en 1624, a raíz de la visita a Sevilla de Felipe IV.

Vista general del Jardín de las Damas, uno de los jardines manieristas más bellos y modernos de la España de los Austrias.

En el muro que lo circunda se alzaron portales y ventanas de diseños muy manieristas, y de raigambre italiana, y grutas en las que las figuras de barro o plomo representaban fábulas mitológicas diferentes, siendo la mayor de todas un órgano hidráulico que lanzaba sonidos concertados con la presión del agua, de ahí, que en los planos del siglo XVIII se designe a este jardín con el nombre de las "aguas o trompetas". Sus andenes de ladrillo y olambrilla poseen burladores que permiten organizar bellos juegos de agua y burlar inesperadamente al espectador que, absorto, contempla la belleza del jardín.

En sus cruces se alzan tres fuentes: dos bajas en los extremos, de tipología islámica, y una bellísima en el centro, labrada en mármol y procedente de Génova, coronada por la estatua en bronce de Neptuno, dios del mar que, en su forzada postura, imita a la ejecutada para la ciudad de Bolonia por Giovanni de Bologna.

Uno de los elementos fundamentales del jardín es la **Galería del Grutesco** que en forma de miradores se extiende a lo largo

Jardín de las Damas, lleno de fuentes y estanques que sorprenden al caminante mientras pasea.

del flanco oriental, y continúa por los jardines limítrofes. También fue ejecutada por Vermondo Resta entre 1613-1621 y en ella se utilizó el almohadillado ejecutado con piedra volcánica, intentando así imitar a la naturaleza siendo este un recurso claramente manierista. Todas las columnas de estos miradores altos fueron reaprovechadas de distintos lugares del palacio, y se aprecian en ellas bellos capiteles califales y de diversos estilos. Estos miradores, antepechados por barandas de hierro, pintadas de azul intenso, permiten observar desde ellos una bellísima panorámica de los jardines y huertas del Alcázar Real. La propia galería iba pintada al fresco, igual que todos los muros, portadas y grutas, representando escenas con personajes extraídos de la mitología clásica e imitaciones de falsos mármoles y follaje vegetal, todo ello con vistosísima policromía y dorados que hacían de este conjunto un espacio refinado que nada tiene que ver con la actual imagen, un tanto rústica, que presenta.

Galería del Grutesco, realizada por Vermondo Resta entre 1613 y 1621. Jardín de las Damas.

La vegetación de altura originalmente no existía y la que allí crecía acentuaba el sentido geométrico de su trazado diseñado con ella motivos heráldicos relativos a la monarquía española.

Por último, las puertas de entrada al jardín eran custodiadas por las figuras de Hércules y Anteo que, con sus cuerpos vegetales y sus manos y cabezas de madera o barro, se presentaban en actitud de lucha. Estas figuras, como tantos otros elementos ornamentales, se han perdido con el paso del tiempo. A pesar de todo, este jardín conserva aún parte de su antigua prestancia que lo convirtió en modelo a imitar por la jardinería renacentista sevillana.

Jardín de la Cruz

Es el que linda con el Jardín de Las Damas por su flanco occidental. Éste fue su primitivo nombre en el siglo XVI, pero después, en torno a

Vista del Jardín de la Cruz. En el siglo XVI se le conoció también con el nombre de Jardín del Laberinto, aludiendo al que tenía realizado en mirto pero que se ha perdido.

1626, se lo conoció como **Jardín del Laberinto**, aludiendo al que se ejecutó con mirto y que se extendía ocupando gran parte de su espacio, abrazando un estanque poligonal en el centro en el que se alzaba un monte en forma de gruta.

Si el laberinto se ha perdido, en cambio se han conservado el estanque y el monte, si bien éste muy deteriorado y despojado de la mayoría de las figuras del ornamento que representaban el monte Parnaso presidido por Apolo rodeado de las nueve musas y coronándolo todo el caballo Pegaso golpeando con su pata la fuente Hipocrene. Todo el conjunto pretendía recrear el mito de Dédalo. Hoy podemos contemplar el grueso de tubos de plomo por los que circulaba el agua, saltando por un lado y por otro como si verdaderamente brotase del fondo de la tierra. También podemos observar restos de figuras de barro representando cabezas de diversos animales y una humana en la cima del monte.

La vegetación, casi toda de gran altura, ha sido plantada a principios del siglo XX.

J Jardín del Cenador de la Alcoba

Recibe su nombre del antiguo oratorio que presidía el espacio conocido como **Huerta de la Alcoba**. Ese oratorio fue transformado en cenador o pabellón de jardín en tiempos del Emperador (1543-1546), desde entonces se le conoce como **Cenador de Carlos V**. Consta de una núcleo cúbico cubierto por una cúpula y rodeado por sus cuatro lados con galerías de arcos de medio punto, apeados sobre columnas de mármol de origen genovés, probablemente del taller de los Aprille de Carona, antepechadas por bancos de fábrica, forrados de azulejos.

Sus paredes, tanto interior como exteriormente, están cubiertas por estas mismas piezas cerámicas ejecutadas en los talleres de los hermanos Polido de Triana; y en su parte alta, por yeserías mudéjares en el exterior y platerescas en el interior.

Es de destacar la solería, bellísima de diseño, combinando el barro y la cerámica vidriada y en la que se halla fechada la obra constando

Vista del Jardín del Cenador de la Alcoba, llamado así por el oratorio que presidía este espacio y que fue transformado en época de Carlos V en cenador.

Ventana del Cenador de Carlos V donde se puede observar la maravillosa ejecución de sus azulejos.

Cúpula del Cenador de Carlos V. Jardín del Cenador de la Alcoba.

asimismo el nombre de su autor, el maestro mayor de albañilería del Alcázar, Juan Fernández. Todo esto puede verse en los ángulos inferiores derecho e izquierdo respectivamente. Todo el conjunto queda centrado por una bella fuente baja de mármol, con canalillo del mismo material, que transporta el agua hasta el corredor exterior manteniendo fresco todo este espacio. Esta edificación se halla rodeada por cuadros de vegetación limitados por setos de boj.

Frente a este cenador, se alza otro conocido como **Pabellón del León**, en alusión al que preside su estanque. Se trata de un bello cenador ejecutado en 1645 por el entonces maestro mayor de albañilería del Alcázar Diego Martín Orejuela y es una de las últimas obras del Manierismo sevillano.

Originalmente estuvo pintado al fresco por dentro y por fuera con una decoración, cuyos restos han sido sacados en parte a la luz en una reciente restauración (1991). El programa pictórico indica que probablemente fue un pabellón dedicado al dios Amor y su autor fue el pintor Juan de Medina.

En el lateral delantero de este jardín se ha plantado un laberinto de mirto intentando imitar al que antiguamente poseyó el Alcázar.

K   JARDINES NUEVOS

Atravesando la solemne **Puerta del Privilegio** abierta en la galería del Grutesco y, como ésta, obra del arquitecto Vermondo Resta, se accede a un amplísimo espacio ajardinado que en su origen fueron las huertas exteriores del Alcázar, transformadas después en **Huerta del Parque**, llamada posteriormente del **Retiro**.

Aquí fue donde a principios de siglo se organizaron estos jardines, iniciados por el marqués de la Vega Inclán y finalizados por Gómez Millán. En este sector destaca el llamado **Jardín Inglés**, que rodea en su parte occidental los jardines antiguos y está tratado a modo de pradera.

En la zona meridional y oriental se destaca el llamado **Jardín de los Poetas** organizado según las pautas del jardín romántico: centrado por dos bellos estanques limitados por setos de boj que flanquean una fuentecilla y que están presididos en sus extremos por sendas columnas.

Junto a éste se extiende el **Jardín del marqués de la Vega-Inclán** tratado según las pautas del jardín sevillano, caracterizado por la combinación de elementos propios del jardín renacentista al que se le añaden fuentecillas y albercas de aspecto granadino. La vegetación de todo este sector destaca por su gran altura.

El resto de la Huerta del Retiro, a principios de siglo, se cedió a la ciudad y se organizaron en su espacio los **Jardines de Catalina de Rivera**, conocidos vulgarmente como los **Jardines de Murillo**, separados del Alcázar por una cerca construida también entonces.

Volviendo hacía las dependencias palatinas, al final a la izquierda del Jardín del marqués de la Vega Inclán, se alza la **Puerta Gótica**, del periodo Reyes Católicos, perteneciente al palacio de los duques de

Arriba, Cenador del León y su estanque. A la izquierda, Puerta de Marchena.

Arcos de Marchena y que fue comprada en subasta y de su propio peculio por el rey Alfonso XIII, siendo trasladada e instalada aquí en el año 1913, por el arquitecto Vicente Traver, junto a la bella **Torre del Enlace**. A través de esta puerta accedemos a otro grupo de jardines antiguos ubicados entre las edificaciones del palacio y la antigua muralla, que nos conducen hacia el Apeadero.

XIII ÚLTIMO TRAMO DE LOS JARDINES ANTIGUOS

Esta franja está conformada actualmente por dos jardines, pero en el siglo XVI se componía de un total de cuatro conocidos con los nombres de **Jardín del Chorrón, Jardín del Cidral, Jardín de la Alcubilla** y **Jardín del Conde**.

Detalle de una fuente del Jardín del marqués de la Vega-Inclán.

Detalle de la puerta del Apeadero, realizada por Vermondo Resta, donde destaca la lápida de mármol con la siguiente inscripción: "Reynando en España Phelipe terzero se edifico esta obra año de MDCVII reparose ampliose y aplicose a Real Armería Reynando Felipe V Año de MDCCXXIX."

A la derecha, detalle del estanque del Jardín del marqués de la Vega-Inclán.

La Puerta de Marchena desemboca en un espacio rectangular carente de interés, en el que cabe destacar, a la derecha, los restos de la antigua atarjea o canalillo situado en medio de la muralla antigua que conducía el agua hasta estos jardines, y que ha sido sacada a la luz recientemente. Este jardín es el que se conocía como **Jardín del Chorrón**.

Al fondo, se alza el llamado **Pabellón de la China**, que separa este espacio del contiguo llamado Jardín de la Alcubilla. Fue construido en el siglo XVIII y recientemente restaurado. Posee rejas y cancelas de la época en que Felipe V y su corte se establecieron en el Alcázar. Precisamente el escudo de este monarca campea en el tímpano del frontón de triple inflexión que corona una puerta de entrada situada a la entrada del pasaje que conduce al Apeadero y que discurre paralelo a estos jardines.

El **Jardín de la Alcubilla** se halla ordenado por andenes que se cruzan dejando en los ángulos cuadros de vegetación limitados por boj y centrando el conjunto se halla una bellísima fuente, del siglo XVI, procedente del palacio de los duques de Medina Sidonia. La muralla antigua, que limita uno de sus flancos, se halla empañada por naranjos y limoneros, de gran antigüedad. El testero de fondo queda cerrado por la antigua construcción del llamado Cuarto del Alcaide abierto a este jardín por un bello corredor.

XIV EL APEADERO

Es un solemnísimo espacio, ordenado casi con sentido basilical, que realiza la función de vestíbulo de entrada al palacio y que conduce hacia el Patio de Banderas. Dicha pieza fue construida entre 1607 y 1609 según diseño del arquitecto Vermondo Resta que la concibió con tres naves, la central mayor que las laterales, separadas por arquerías de medio punto, apeadas sobre bellas columnas de mármol de orden toscano, agrupadas en parejas y situadas en sentido perpendicular a los muros y alzadas sobre pedestales. Los muros se articulan con arcos rehundidos enmarcados por pilastras que conforman la correspondencia y el orden mural. Molduras de carácter manierista decoran todo el conjunto que se halla pavimentado con losas de Tarifa en los laterales y enchinado de dibujo geométrico en el centro. Las techumbres son planas, excepto el último tramo que es de aristas y se ejecutó ya en el siglo XVIII.

A este espacio abren las puertas que comunican con el antiguo Cuarto del Sol o del Alcaide, el del Maestre y la que permite el acceso al Cuarto Alto sobre el Apeadero, que fue Sala de armas de Artillería, usado ahora por el Ayuntamiento como sala de exposiciones, y también el pasaje de enlace con el Patio de la Montería. Preside todo este conjunto un retablo barroco, añadido en este siglo, que representa *La Presentación de la Virgen en el Templo*, que ostenta los escudos de los marqueses del Carpio.

Su portada, que da al Patio de Banderas y que hoy es la salida usual del recinto, es diseño también de Vermondo Resta,

Vista del Apeadero, realizado a principios del siglo XVII por Vermondo Resta.

A la derecha, vista general del Jardín de los Poetas, de estilo romántico.

labrada por el cantero Diego Carballo, se constituye en una joya de la arquitectura manierista sevillana.

Se remata el conjunto con una gran corona de cerrajería en la que, ejecutado en cerámica, campea el escudo de Felipe V, al pie del cual otro azulejo recuerda la fecha de su más reciente renovación, 1889.

XV PATIO DE BANDERAS

Recibe este nombre por el conjunto de banderas que ondeaban desde antiguo en el balcón central de la fachada principal del Apeadero.

Era patio de armas del primitivo recinto fortificado llamado Dar al-Imara, núcleo original del Alcázar. Se halla circundado por viviendas que servían de residencia a los funcionarios del Alcázar. Por su testero norte corre la cerca antigua, la más primitiva de todo el conjunto, que lo separa de la actual plaza del Triunfo, llamada en el siglo XVI plaza

Vista del Patio de Banderas con la Catedral al fondo.

A la derecha, el Jardín de la Alcubilla, del siglo XVIII y recientemente restaurado.

de los Cantos. En el intrados del postigo que da acceso a dicha plaza se puede admirar un bello retablo dedicado a *La Inmaculada, flanqueada por San Fernando y San Pedro*, de finales del siglo XVIII. Al fondo de ésta se alza la Catedral y su bella torre La Giralda.

Su espacio central, relleno de albero, queda presidido por una bella fuente rodeada de numerosos naranjos. En el testero de mediodía se abre un arco que conduce al popular **Callejón del Agua**, por donde discurre la muralla almohade que, a través de atarjeas, conducía el agua procedente de los caños de Carmona hasta el Alcázar y que, recientemente (1993), ha sido limpiada, consolidada y restaurada, quedando perfectamente diáfana y bellamente iluminada. Al otro lado de este pasaje se extiende el popularísimo barrio de Santa Cruz.

BIBLIOGRAFÍA

AMADOR DE LOS RÍOS, J.: *Puertas del salón de embajadores del Alcázar de Sevilla*. "Museo Español de Antigüedades", Vol. III, Madrid.

ANTUÑA, P. M.: *Sevilla y sus monumentos árabes*. El Escorial, 1930.

BONET CORREA, A.: *El Renacimiento y el Barroco en los jardines musulmanes españoles*, Cuadernos de La Alhambra, nº 4, Granada, 1986.

BOSCH VILA, J.: "La Sevilla Islámica, 712-1248", *Historia de Sevilla*, Sevilla, 1984.

CABEZA MÉNDEZ, J. Mª: *Real Alcázar Hispalense*. "Sevilla Agradecida", Sevilla, 1992.

Ibidem: *Restauración de las murallas de Sevilla*. "Arquitectura y ciudad", Madrid, 1993.

Ibidem: *Real Alcázar*. Ed. Caja San Fernando. Sevilla, 1998.

CARO, R.: *Antigüedades y Principado de la Ilustrísima ciudad de Sevilla y corografía de su convento jurídico*, Vol. I, Sevilla, 1634.

CARRIAZO, J de M.: *La boda del Emperador*. Sevilla, 1959.

Ibidem: *El Alcázar de Sevilla*, Barcelona, 1930.

CONTRERAS, R.: *La Alhambra de Granada, el Alcázar y la gran mezquita de Occidente*, Madrid, 1855.

CHECA CREMADES, F.: *El Arte Islámico y la imagen de la naturaleza en la España del siglo XVI*. "Fragmentos", nº 1, Madrid, 1984.

FERNAN CABALLERO: *El Alcázar de Sevilla*, 1862.

GARCÍA MERCADAL, J.: *Viajes de extranjeros por España y Portugal*, Vol. I, Madrid, 1952.

GESTOSO Y PÉREZ, J.: *Sevilla monumental y artística*, Vol. I-II, Sevilla, 1889.

GUERRERO LOVILLO, J.: *Al-qars al Mubarak, el Alcázar de la bendición*. "Bol de B. A.". 2ª época, nº 11, Sevilla, 1974.

JIMÉNEZ MARTIN, A.: *Jardines Renacentistas y Barrocos*. "Gran Enciclopedia de Andalucía, Vol. V, Sevilla, 1979.

LOBATO DOMINGUEZ, J. y MARTIN ESTEBAN, A.: *Dos pinturas inéditas del Patrimonio Nacional en los Reales Alcázares de Sevilla*. "Reales Sitios", nº 22, Madrid, 1994.

Ibidem, *Reales Alcázares de Sevilla*, Ed. Escudo de Oro S.A., Barcelona, 1996.

LLAGUNO Y AMIROLA, E.: *Noticias de los arquitectos y arquitectura de España desde su restauración*. Vols. I, II y IV. Con notas Adendas y documentos de Ceán Bermúdez, J. A. Reimp, Madrid, 1977.

LLEO CAÑAL, V.: *Nueva Roma: Mitología y Humanismo en el Renacimiento sevillano*, Sevilla, 1979.

MANZANO MARTOS, R.: *Arquitectura de la Sevilla Medieval*. "Breve Historia de la Arquitectura en Sevilla", Sevilla, 1985.

La Arquitectura Sevillana entre el Islam y Castilla. En "Sevilla en el siglo XIII" de BALLESTEROS BERETTA, Sevilla, 1978.

Poetas y vida literaria en los Reales Alcázares de Sevilla, Sevilla, 1983.
Reales Alcázares. "Museos de Sevilla", Madrid, 1977.
El Alcázar de Sevilla: Los palacios Almohades. En "El último siglo de la Sevilla Islámica, Sevilla, 1995.

MARIN FIDALGO, A.: *Obras en los Reales Alcázares en tiempos de Carlos V.* "Archivo Hispalense", nº 200, Sevilla, 1982.

Vermondo Resta. "Arte Hispalense", nº 48, Sevilla, 1988.
Los jardines del Alcázar de Sevilla en el quinientos. "Cuadernos de la Alhambra", nº 24, Granada, 1990.
Los jardines del Alcázar de Sevilla en el siglo XVII. "Cuadernos de la Alhambra, nº 26, Granada, 1990.
El Alcázar de Sevilla bajo los Austrias. Estudio arquitectónico e histórico. 2 Vols., Sevilla, 1990.
Pintura de corte humanista en los jardines del Alcázar de Sevilla. Las decoraciones de los cenadores Ochavado y del León. "Archivo Español de Arte", nº 254, Madrid, 1991.
Los Reales Alcázares de Sevilla: digna morada de la realeza española. "Reales Sitios", nº 111, Madrid 1992.
Guía de los Reales Alcázares de Sevilla, Sevilla, 1992.

MARTIN, F.A.: *Notas sobre un inventario del Real Alcázar de Sevilla del año 1813.* Arch. Hispalense, Sevilla. 1993.

MONTOTO, S.: *La catedral y el Alcázar de Sevilla.* "Los monumentos cardinales de España". Madrid, 1951.

ROMERO MURUBE, J.: *El Alcázar de Sevilla*, Madrid, 1977.

TORRES BARBAS. L.: *Arte almohade, arte nazarí, arte mudéjar.* Vol. IV. "Ars Hispaniae", Madrid, 1949.

TUBINO, F. Mª: *El Arte en España*, Sevilla, 1886.

Este libro, publicado por Aldeasa, se terminó de imprimir
el 4 de octubre de 1999, festividad de San Francisco de Asís,
en Madrid en Estudios Gráficos Europeos.